HEYNE MINI

Oto Reisinger

Inhalt

Vorwort

Eine gute Rache, so sagen die Sizilianer – und die müssen es ja wohl wissen –, eine gute Rache muß langsam gekocht und kalt gegessen werden.
Die Zeiten sind längst vorbei, in denen wir alle nur lieb zueinander waren. Heute muß erlittene Schmach nicht länger mit Geduld und milder Nachsicht hingenommen werden. Bedienen Sie sich getrost Ihrer Ellbogen und der Vielzahl nützlicher, freilich nicht immer ernst gemeinter Tips, wie sie Ihnen dieses Lexikon anbietet. Gehen Sie unbarmherzig und hin-

terlistig mit Ihren persönlichen Feinden ins Gericht, zahlen Sie den lieben Mitmenschen heim, was sie Ihnen angetan haben, denn:

Rache ist wieder in!

Auspuff

Zutaten

Das Auto des Feindes, eine dünne Holzlatte oder ein dicker Draht (beide mindestens 1 m lang), ein Knallfrosch.

Vorgeschichte

Immer wenn der Komponist E. F. in München-Grünwald nach getaner Arbeit seinen Freunden und der Familie die neuesten Werke am Klavier vorspielen wollte, erschien die Polizei. Zugegeben – das geschah selten vor 23 Uhr und dauerte oft bis tief in die Nacht hinein; aber das war noch lange kein

Grund, deshalb wegen ungebührlicher Ruhestörung einen Streifenwagen anzufordern.
Doch der Bauunternehmer J. R. war so ein Musikfeind. Und nachdem die grünen Beamten zum dritten Mal erschienen waren, fragte sich der Komponist zu Recht, wie man den lästigen Nachbarn am besten erschrecken könne. Und zwar so, daß er ahne, woher der Schlag kommt, aber nichts beweisen könne. Sicher werde er nach dem Racheakt immer noch die Polizei holen, wenn E. F. sich zu schlafender Zeit an die Tasten begibt. Aber dann müsse die Vergeltung eben so angelegt sein, daß man sie

jederzeit wiederholen könne – bis der Nachbar Angst bekomme, sich noch einmal zu beschweren.
Was dem Komponisten und seinen Freunden einfiel, sah folgendermaßen aus:

Anwendung
Man muß das Auto des Gegners geparkt und unbeobachtet erwischen. Es hilft also wenig, wenn es in einer verschlossenen Garage steht. Idealer Tatort ist die Straße nach Einbruch der Dunkelheit.
Man nehme den Knallfrosch und schiebe ihn mit Hilfe der Latte oder des Drahtes tief in den Auspuff. Wenn möglich, sollte er in

den Topf fallen, da nur so sichergestellt ist, daß er a) nicht rausgerüttelt wird und b) den höchsten Grad der Erhitzung erfährt. Startet der Gegner nun sein Auto, passiert erst mal gar nichts: Der Täter hält den Tatort »sauber«. Nach einiger Zeit jedoch, wenn die Auspuffanlage glühend heiß wird, gerät der Knallfrosch in Brand und explodiert. Die Wirkung ist enorm, da der Auspuff und die Tatsache, daß die Explosion genau unter dem Fahrer stattfindet, vor allem den Lärm des Knallfroschs verstärken. Der Gegner glaubt, unter einer Kette von Landminen zu sitzen – nur geschieht ihm nichts. Ledig-

lich seine Nerven sind zerrüttet, und er wird sich überlegen, ob er sein Fahrzeug noch einmal in Betrieb nimmt, nachdem er es panikartig verlassen hat.

Schwierigkeiten
Was bei dieser Form der Rache am meisten stört, ist der Umstand, daß man nur in den seltensten Fällen und mit viel Zufall dabei sein kann, wenn es passiert. Man kann also weder das Ergebnis kontrollieren noch die Wirkung auf den Gegner beobachten.

Benzintank

Zutaten
Ein Reservekanister, abgebröckeltes Kerzenwachs, 100 Gramm Zucker oder ein Büchschen Farbverdünner. Im Notfall gehen auch eine Handvoll Herbstlaub oder zwei Hände voll Sand.

Vorgeschichte
Diese Rache ist so alt wie der Benzintank oder jedes ungezogene Kind. Man ruiniert die Energiezufuhr des fahrbaren Untersatzes seines Feindes, indem man etwas in den Tank wirft – worauf eine chemische Veränderung eintritt oder

die Leitungen verstopft werden. Der Knabe Heinz bekam vom Nachbarn immer Vorwürfe, wenn er zur Mittagsschläfchen-Zeit den Ball gegen das Garagentor seines Vaters donnerte. Zugegeben – das machte einen höllischen Lärm, aber – so fragte sich der Knabe Heinz in kindlicher Unschuld: »Wieso können es sich Leute leisten, die Nachmittage zu verschlafen, wenn andere arbeiten?« Heinzchen besaß eben noch keine klare Vorstellung von dem, was ein Frührentner ist. Aber er hatte bereits als ABC-Schütze gelernt, daß man einen Benzintank versauen kann.

Anwendung
Sand, Zucker und Herbstlaub sind die einfachsten Hilfsmittel einer solchen Rache, und ein flinker Mechaniker kann den Schaden später auch relativ leicht beheben. Heimtückischer ist da schon der Gebrauch von Kerzenwachs, das so ziemlich alles verkleistert, was hinter dem Einfüllstutzen liegt. Der Farbverdünner dagegen bewirkt eine kurzlebige, aber sofortige Reaktion. Das Auto beginnt schrecklich zu »husten« und bewegt sich nur noch ruckartig. Steuert der Fahrer eine Werkstatt an, hat sich die Rache meist durch den Auspuff verflüchtigt.

Schwierigkeiten
Es fällt auf, wenn einer den Tankstutzen eines Autos öffnet und eine Handvoll »Irgendwas« hineinschüttet. Könner mixen sich ihre teuflische Mischung vorher in einem kleinen Reservekanister und füllen unverdächtig ein. Denn so hält ein Augenzeuge den Rächer für den Autobesitzer.
Achtung: Vorher überprüfen, ob der Feind einen verschließbaren Benzintank besitzt!

Blumentopf

Zutaten
Eine Dose oder Tüte mit Fliegenlarven aus einem Zoo-Geschäft, Blumentöpfe in der Wohnung des Gegners.

Vorgeschichte
Wer je in einer Wohngemeinschaft gelebt hat, weiß, welch seelische Pein das enge Zusammenleben von unterschiedlichen Menschen bereiten kann. Selbst anfänglich sympathisch erscheinende Zeit- und Wohnungsgenossen können sich im Laufe der Zeit zu wahren Monstern verändern. Unter einer

solchen Metamorphose eines WG-Genossen litt lange Zeit Bettina K., eine zierliche, liebe und friedfertige Frau. Als sie sich plötzlich der Ungerechtigkeit ihres Leides bewußt wurde, schwor sie dem elenden Mitbewohner Rache. Eine Rache, die schließlich auch dazu führte, daß der Gegner die gemeinsame Wohnung verlassen mußte, weil die Belästigungen aus seinem Zimmer für die anderen WG-Mitglieder schließlich nicht mehr zu ertragen waren.

Anwendung

Für ein paar Pfennige werden in einem Zoo-Fachgeschäft Fliegen-

larven gekauft, die jeder Besitzer eines Terrariums oder Aquariums braucht.
Die Larven werden diskret in die Blumentöpfe des Gegners unter die Erde gemischt. Jetzt heißt es nur ein paar Tage warten. Je wärmer der Raum, desto schneller die Wirkung.
Die Larven schlüpfen aus und schwirren als Fliegen durch den Wohnraum. Viele Larven, viele Fliegen, viel Ärger mit den Mitbewohnern, die sich das gehäufte Vorkommen von Fliegen nur mit mangelnder Hygiene des Blumen- und Zimmerinhabers erklären können…

Schwierigkeiten

Man muß unbeobachtet Zutritt zu den Räumen des Gegners haben und in Ruhe die Larven pflanzen können. (Und es soll Leute geben – die Fliegen mögen…)

Erich Paulmichl

Damen/Herren

Zutaten
Ein Schraubenzieher oder Stemm-Eisen, vielleicht etwas Leim, notfalls Tesafilm.

Vorgeschichte
Das ist so ein simpler Trick, daß man sich fragt, warum er nicht öfter angewandt wird. Vielleicht liegt es daran, daß etwas handwerkliches Geschick verlangt wird.
Es ist nicht eigentlich eine böse Rache, sondern eher eine Verulkung etwa nach dem Motto: Kegelclub veralbert die Frau des

Vorsitzenden. Oder: »Sagen Sie mal – gehen Sie immer auf die falsche Toilette?«

Anwendung
In Bars, Gaststätten oder Hotels pirscht man sich möglichst an die in der unteren Etage gelegenen Toiletten heran und tauscht die Schilder »Damen« und »Herren« gegeneinander aus. Folge: Die Damen gehen auf »Herren« und die Herren gehen auf »Damen«. Was unglaubliche Verwirrung stiftet, wenn es einem gelingt, die Schilder dann zu tauschen, wenn beide Kabinette noch frequentiert sind. Im übrigen zieht diese Rache auch

einige Unannehmlichkeiten für den Bar- und Gaststättenbesitzer nach sich, wenn die Damen den männlichen Eindringling entdekken und die Herren vergebens nach dem gewohnten Pinkelbekken suchen – auf »Damen«.

Lo Linkert

Einladung

Zutaten
Etwas Zeit, ein entsprechendes Aussehen und Auftreten, Szene-Kenntnisse.

Vorgeschichte
Der Bankkaufmann Werner H. hatte seit langem unter den Quälereien seines Bilanz-Prokuristen zu leiden, der seine Untergebenen ständig mit seiner penetranten Besserwisserei belästigte. Der findige Rächer hatte, während er auf Rache sann, denn auch bald eine der entscheidenden Schwächen des Feindes ausgemacht: Eitel-

keit, gepaart mit dem Wunsch, von seiner Umwelt als ehrbarer, korrekter Kaufmann geehrt zu werden. Die Rache, die Werner H. anwendete, erschütterte die Reputation des Bilanz-Prokuristen derartig, daß er umziehen mußte und sogar den gut bezahlten Arbeitsplatz wechselte, weil er die ständigen Sticheleien nicht länger ertragen konnte.

Anwendung

Es gibt hier zwei Varianten der Rache. Entweder wartet man ab, bis man ein Datum erfährt, an dem der Gegner, der möglichst in einer »guten« Gegend wohnen bzw. ein

Haus haben sollte, zu einer Party einlädt oder man wartet nicht, sondern handelt gleich. Genaue Kenntnis einschlägiger Pennerkneipen ist allerdings unerläßlich. Ebenso ein gewisses schauspielerisches Talent. Kleidung und Sprache sollte bei den auszuwählenden Gästen kein Mißtrauen aufkommen lassen. Man sucht also im Verlauf eines Abends mehrere Kneipen auf, in denen Penner und andere, aus dem sozialen Netz gefallene Mitmenschen ihre Sorgen im Schnaps ertränken. Nach ein paar Bier schimpft man gemeinsam über die Schlechtigkeit der Welt, des Staates und der Reichen im besonderen, um dann spontan die neugefundenen Kumpane zu einem Fest nach Hause einzuladen. Das Einladungsdatum sollte möglichst kurzfristig anberaumt werden. Die Adresse, zu der man lädt, ist natürlich die des Gegners. Der wird eine Riesenüberraschung erleben, wenn dann zum vereinbarten Zeitpunkt Scharen von abgerissenen, angetrunkenen und lärmenden Mitmenschen in seine gepflegte Vorstadtvilla Einlaß begehren. Die Nachbarn werden den Aufmarsch merkwürdiger Gestalten mit Grausen bemerken und entsprechende Schlüsse ziehen. Um die Aufmerksamkeit der

Nachbarn braucht man sich keine Sorgen zu machen, weil die lieben Saufbrüder gewöhnlich ihrer Enttäuschung über entgangene Getränke lautstark Ausdruck geben.

Schwierigkeiten
Das Auftreten in den Kneipen muß glaubwürdig sein, eventuell sind einige Studienabende notwendig. Den »Gästen« muß außerdem glaubwürdig erklärt werden, warum nicht der Einladende selbst die Haustür öffnen wird, sondern ein anderer. Man sollte nach der Einladung einen großen Bogen um die Kneipen machen, aus denen man Gäste eingeladen hatte.

Oldrich Jelinek

Fahrstuhl

Zutaten

Ein möglichst vielgeschossiges Gebäude, das über einen Fahrstuhl verfügt, etwas Elektrokenntnisse, Schraubenzieher (eventuell Isolierband) und viel Mut.

Vorgeschichte

Mitunter richtet sich der Zorn eines gequälten Menschen gar nicht gegen ein bestimmtes Individuum, sondern gegen eine Firma, eine Behörde oder Institution. Bei genauer Recherche läßt sich gelegentlich sogar herausfinden, daß in einem großen Bürohaus für die leitenden Angestellten ein besonderer Fahrstuhl bereitgehalten wird, dann trifft die Rache noch feiner.

Den Zutritt zum Fahrstuhl verschaffte sich Karl-Heinz Sch. ganz frech, nachdem er in der Zeitung gelesen hatte, daß zwei in graue Kittel gekleidete Männer unter den Augen der Verkäufer aus einem Warenhaus mehrere Fernsehapparate »zu Vorführzwecken« auf einen bereitstehenden Lkw verladen hatten und dann auf Nimmerwiedersehen verschwanden.

Unser Freund stattete sich mit einem blauen Kittel, einer Handwerkstasche und entsprechenden

Utensilien aus und erklärte dem fragenden Pförtner schlicht, er sei hier, um den Fahrstuhl zu überprüfen. Nach getaner Arbeit ließ er sich dieselbe auf einem vorbereiteten Formular bestätigen und verschwand aus dem einsetzenden Chaos.

Anwendung
Ist der Zutritt zum Fahrstuhl erst gaschafft, wird dieser per Schild für »vorübergehend außer Betrieb« erklärt. Dann wird seelenruhig das Schalterpanel abgeschraubt und die Drähte der einzelnen Knöpfe sauber vertauscht. Das Panel wird wieder

aufgesetzt, das Schild und man selbst entfernt. Wer jetzt den Fahrstuhl benutzt, um in den 3. Stock zu gelangen, fährt in die Tiefgarage, ein Druck auf »Erdgeschoß«, und man ist auf dem Dachgarten. Die Verwirrung ist groß, Kunden der Firma werden laut Beschwerde einlegen, eilige Chefs Termine verpassen, weil sie alle nie da landen werden, wo sie hinwollen. Die Reparatur des Chaos wird teuer und kostet viel Zeit.

Schwierigkeiten

Wie in der Vorgeschichte bereits angedeutet, ist die Durchführung dieser Rachemethode nicht ganz

KICHER KICHER
AUSSER BETRIEB

einfach. Ist jedoch der Wille zur Rache groß genug, findet sich auch immer ein Weg…

Farbspray

Zutaten
Ein neues Auto des Gegners, eine oder mehrere Dosen Autolack als Farbspray.

Vorgeschichte
Das Auto als Racheobjekt ist bereits in diesem Buch vorgestellt worden. Die Tricks, die sich mit diesem Hätschelkind der Deutschen beschäftigen, sind daher naturgemäß auch sehr zahlreich. Dabei gibt es raffinierte und geradezu genial einfache, wie etwa diesen, den uns der von seinem Vermieter mit überhöhten Heizkostenab-

rechnungen, Mieterhöhungen und Kündigungsdrohungen gequälte arbeitslose Mechaniker Erwin P. anvertraute.

Anwendung

Alle zwei Jahre stellte sich Erwin P.s geldgieriger Vermieter einen neuen Wagen der Superklasse vor die Tür und protzte mit dem Schlitten, daß einem schlecht werden konnte. Bis eines Tages dem Hauswirt schlecht wurde, als er morgens aus dem Fenster sah. Nach Zeugenaussagen hat der Hausbesitzer so geschrien, daß die Fensterscheiben in der gesamten Wohnanlage geklirrt haben.

Freund Erwin hatte nämlich – das Dunkel der Nacht nutzend – seinen Kunstverstand am Neuwagen des gehaßten Vermieters zum Einsatz gebracht und über den strahlenden frischen Lack, die blitzeblanken Scheinwerfer und die glitzernden Scheiben seine wunderschönen Figuren mit der Farbspraydose gemalt.
Fotos, die Erwin P. aus sicherer Entfernung mit dem Teleobjektiv gemacht hat, beweisen, daß er wirklich erstaunliche Fähigkeiten als Kunstmaler hat, beweisen aber auch, daß sein Hauswirt diese Kunst keineswegs zu würdigen weiß.

Schwierigkeiten
Rückschlüsse auf die Person des Rächers sind – wie in allen Fällen – tunlichst zu vermeiden. Farbdosen, die verwendet wurden, sollten sofort in sicherer Entfernung in irgendwelche Mülltonnen geworfen werden. Handschuhe, die Farbspritzer auf den Händen vermeiden helfen, ebenfalls wegwerfen.

Fern(ver)sprecher

Zutaten
Die Privatnummer des Gegners und ein funktionierendes Telefon. Dazu die Fähigkeit, auch in heitersten Momenten ernst zu bleiben.

Vorgeschichte
Es gibt viele Arten, die anonyme Direktheit eines Telefons zu Racheakten zu mißbrauchen. Zum Beispiel die, als Mann von der Störungsstelle anzurufen und zu verlangen, daß das Telefon sofort in eine Plastiktüte gesteckt und 24 Stunden lang nicht mehr benützt wird »wegen Kabelarbeiten«.

Der hier geschilderte Racheakt wurde von dem Schauspieler Gerd F. ausgedacht und im Verlaufe einer langen Karriere perfektioniert.

Anwendung
Den Feind mitten in der Nacht, während der Mahlzeiten oder im Morgengrauen anrufen und folgenden Dialog beginnen:
Rächer: »Hallo, mit wem spreche ich?«
Opfer: »Hier ist Schnuppendrall.«
Rächer: »Oh, das tut mir aber leid, Herr Schnuppendrall ist im Moment nicht an seinem Platz.«
Opfer: »Was? Wer?«
Rächer: »Wie ich schon sagte,

Herr Schnuppendrall ist im Moment nicht hier!«
Opfer: »Was erzählen Sie denn da? Ich heiße Schnuppendrall, Sie haben doch mich angeru…«
Rächer unterbricht Opfer und wird etwas heftiger: »Verzeihen Sie, ich sagte Ihnen doch bereits, daß er nicht an seinem Platz ist! Aber ich richte ihm gerne eine Nachricht aus.«
Opfer: »Sie Idiot, Sie! (Immerhin ist es 4 Uhr morgens.) Ich heiße Schnuppendrall, und Sie haben mich angerufen, nicht ich Sie! Was wollen Sie eigentlich?«
Rächer: »Beruhigen Sie sich doch, mein Herr. Ich kann doch nichts

dafür, daß Ihr Schnuppendrall gerade nicht da ist! Geben Sie mir Ihre Nummer und Ihren Namen, und ich werde dafür sorgen, daß Herr Schnuppendrall Sie sofort anruft, wenn er zurück ist. Im Vertrauen gesagt: Er ist gerade mal außer Haus, um sich einen zu genehmigen. Wissen Sie, er hat da gewisse Probleme mit der Sauferei…«

Opfer verliert die Nerven und knallt den Hörer auf.

Tut er's nicht und ist lediglich vor Wut sprachlos, dann wünscht man ihm einen »Recht guten Morgen« und ein freundliches »Auf Wiedersehen.«

Schwierigkeiten
Laut Gerd F. gibt es keine. Die Nummer hat angeblich bisher stets geklappt und lief in den Dialogen fast identisch ab.

*»Hast wohl nichts aus
der neuesten Zeitgeschichte
gelernt?«*

Henry Büttner

Fotoapparat

Zutaten
Ein billiger, aber neuer Fotoapparat, das Vertrauen des Feindes, technisches Geschick, Vaseline.

Vorgeschichte
Es gibt rachsüchtige Menschen, die zu spontanen Wutausbrüchen neigen, deren Wirkung jedoch eher selbstzerstörerisch ist. Es gibt aber auch zurückhaltende, disziplinierte Zeitgenossen wie den Neurologen Jürgen A., dessen Plaudereien über die Psyche des zeitgenössischen Menschen nicht nur ungemein lehrreich, sondern

auch stets ein Born herzerfrischender Freude sind.
Jürgen A. wurde von einem vom Ehrgeiz zerfressenen Kollegen ständig mit der Bitte um berufliche Förderung belästigt, so daß der die Ruhe liebende Wissenschaftler beschloß, sich des lästigen Mitarbeiters auf elegante Art zu entledigen. Er nutzte die Einladung zu einer Feier im Hause des Ehrgeizlings, dem kleinen Sohn des Gastgebers einen präparierten Fotoapparat zu schenken. Wie Jürgen mit einem leisen Lächeln versicherte, kämen die Betteleien nach Beförderung nun jedenfalls nicht länger vor.

Anwendung

Nach Erwerb des Fotoapparats, möglichst eine billige halbautomatische Kamera, wird das Objektiv abgeschraubt und die Linse von innen ganz leicht mit Vaseline eingerieben. Dann wird das Geschenk wieder zusammengesetzt, verpackt und verschenkt. Das beschenkte Kind wird natürlich sofort Fotos zu machen beginnen, die aber alle verschwommen sind. Danach werden Vater und Mutter ihr Glück damit versuchen, aber ebenfalls kein Glück als Fotografen haben. Dem Apparat wird man wohl kaum die Unfähigkeit, scharfe Bilder zu machen, vorwerfen.

Aber im trauten Familienkreise wird Spott und Hohn die Atmosphäre vergiften. Sensible Ehrgeizlinge gar erleiden schwerste Beeinträchtigungen ihres Selbstwertgefühls.

Schwierigkeiten

Die Anschaffung eines Fotoapparats ist nicht gerade billig. Die Auswirkungen der Rache sind leider nur selten direkt zu erleben. In der Regel wird man nur indirekt bemerken, wie wunderbar eine Rache aus der Ferne sein kann.

Finderlohn

Zutaten

Ein Paar völlig wertlose Bücher und ein Aufkleber mit einem fingierten Text.

Vorgeschichte

Bei dieser Rache mit Büchern trifft man den Feind an seinem empfindlichsten Körperteil, dem Geldbeutel. Harald Th., Sparkassenangestellter, hatte eine entzückende Frau mit einem übellaunigen Vater geheiratet. Er kam und kam nicht aus mit seinem Schwiegerherrn, und das war besonders peinlich, weil dieser gut betucht war und ei-

niges davon benötigt wurde in der jungen Ehe.
Th. entscnloß sich deshalb, dem Schwiegervater eine Falle zu stellen, die teuer zu werden versprach. Zumindest jedoch Ärger bereitete.

Anwendung
Bei einer Druckerei Aufkleber mit folgendem Text drucken lassen: »Dieses Buch gehört … Ich zahle jedem, der es mir wieder bringt, zehn Mark Finderlohn.« Dann folgt die Adresse (aber nicht die Telefonnummer, damit die Rache nicht fernmündlich ruiniert wird). Diese Sticker klebt man in belanglose Bücher und verstreut diese in

Parks, öffentlichen Verkehrsmitteln und Supermärkten. Die Finder melden sich automatisch beim angeblichen Besitzer der Bücher und verlangen den Finderlohn. Und der angebliche Besitzer hat größte Mühe, sein Geld zu behalten und Ehrenmann zu bleiben. Der Schwiegervater von Harald Th. kann das bestätigen.

Schwierigkeiten
Man darf beim Plazieren der Bücher nicht gesehen werden und es kostet nicht gerade wenig, solche Sticker drucken zu lassen. Man muß abwägen, was einem diese Rache wert ist.

Erich Paulmichl

Grafitti

Zutaten
Ein deutlich schreibender Filzstift oder Kugelschreiber, die Telefonnummern einiger Feinde.

Vorgeschichte
Verschmähte Liebe ist viel schlimmer als Heimweh. Besonders dann, wenn die Angebetete verheiratet ist. Oder die Gattin des Chefs. Oder das Fräulein Kollegin, das es mit einem anderen Kollegen treibt – aber nicht mit ihrem heißesten Fan.
So erging es dem Fotografen Emil J. mit der Laborantin Marie-An-

toinette F., verheiratet, ein Kind und in Buhlschaft zugetan dem Fotografen Tasso T.
Die Rache von J. war fies und wirksam. Und billig.

Anwendung
Mitteilungen auf Toiletten und in öffentlichen Fernsprechzellen werden gerne gelesen. Männer achten auf solche Empfehlungen oder Nachrichten, und klingt eine besonders vielversprechend, hängen sie sich dran.
Also schrieb Emil J. in rund ein Dutzend Telefonzellen und ein weiteres Dutzend Klos (an die Wand rechts neben der Brille in

Augenhöhe): »Marie-Antoinette. Telefon … bläst wie Ännchen von Tharau.« Oder: »Mariechen ist ein kleines Viehchen.« Oder: »Einhängen, wenn der Alte dran ist! Aber wenn sie antwortet – Jungs, dann ran an die Buletten. Telefon …«
Wie Emil J. vom Kollegen T. später hörte, holten die Leser die arme Marie-Antoinette tagelang bis 4 Uhr morgens aus dem Schlaf.

Schwierigkeiten
Man erlebt seine Rache nicht mit, und es ist wiederum eine »männliche« Methode, für Frauen kaum verwendbar.

Wilhelm Zeitlmeir

Italienischer Salat

Zutaten
Eine Spucktüte aus dem Flugzeug, 125 Gramm Italienischer Salat, ein Löffel mit langem Stiel.

Vorgeschichte
Das Copyright an dieser Geschichte gehört unbestritten dem deutschen Illustriertenreporter Robert L.
Er hat diese Methode bis zur Perfektion entwickelt und wendet sie seit Jahren mit durchschlagendem Erfolg an. Sie richtet sich gegen aufdringliche Mitreisende in Flugzeugen.

1

Anwendung

Italienischen Salat einkaufen und bereits auf dem Flughafen in die Spucktüte umfüllen. Sollte sich der Nachbar im Flugzeug als Ekel herausstellen oder irgendein anderer Passagier in Ihrer Nähe, seelenruhig die Spucktüte auspacken, so tun als ob… und nach einer Weile den Löffel zücken und genüßlich den Italienischen Salat verzehren. Das halten nicht mal Oft-Flieger durch, denn der Salat sieht so aus wie …

Schwierigkeiten

Es könnte ja durchaus sein, daß die Mitreisenden alle ganz reizende

Menschen sind. Dann haben Sie eben den Italienischen Salat ganz umsonst mitgenommen und müssen ihn nach der Ankunft verzehren, ohne sich an jemandem zu rächen.

»Der arme Teufel hat keine Ahnung, daß er nächste Woche begnadigt wird«

Lo Linkert

Kreditkarten

Zutaten
Kenntnis darüber, welche Kreditkarte(n) der Gegner besitzt, genaue Anschrift des Gegners, die Kartennummer.

Vorgeschichte
Alfred S. ist das, was man gemeinhin ein »stilles Wasser« nennt. Unauffällig, bescheiden – aber ein Mann von Prinzipien, der in dem Konfektionsgeschäft, in dem er als Verkäufer beschäftigt war, von Kunden und Kollegen stets gern gesehen wurde. Nur einer seiner häufigen Kunden, ein stadtbe-

kannter, angeberischer und neureicher Bonvivant, mißfiel dem guten Alfred, weil er durch das herrische Gehabe und die Großspurigkeit dieses Herrn in seiner Verkäuferehre mehrfach beleidigt worden war. Sein berufsbedingter Zugang zu den Abrechnungsunterlagen machte es ihm leicht, sich die Kreditkartennummer des Gegners zu verschaffen. Er meldete sich bei dem Kreditkartenunternehmen unter dem Namen des Karteninhabers, meldete die Karte als verloren und ließ sie sperren. Der neureiche Bonvivant erlebte in den folgenden Tagen ein paar unliebsame Überraschungen.

Anwendung
Falls der direkte Zugriff zur Kartennummer nicht gegeben ist, kann man sich telefonisch beim Opfer melden, sich als irgendeine Bank ausgeben, bei der eine Belastung über die Kartennummer vorgekommen ist, und behaupten, man müsse die Kartennummer noch einmal überprüfen. Hat man sie, verfährt man wie oben.

Schwierigkeiten
Eventuelle Rückfragen des Kreditkarteninstituts müssen mit geschickten Ausreden – wie etwa sofortige Auslandsreise – verhindert werden.

Frans de Boer

Manager

Zutaten
Einblick in die Terminplanung des Opfers, Kenntnis des Lebenswandels.

Vorgeschichte
Männer, die im Beruf erfolgreich sind, sind oft auch bei Frauen erfolgreich. Wenn solche erfolggewohnte Managertypen allerdings beginnen, Frauen wie Geschäftsvorgänge zu behandeln, kann ihrer Erfolggewohntheit schon mal ein schwerer Dämpfer aufgesetzt werden.
Veronika V. war eine Chefsekretä-

rin in einem großen Verlagshaus mit entsprechendem Aussehen und entsprechender Kenntnis der Stärken und Schwächen ihres Chefs. Über die tägliche Arbeit war man sich bald nähergekommen, bei einigen Geschäftsreisen noch näher. Als das Interesse des Chefmanagers sich jedoch nur als kurzfristig erwies, schwor Veronika Rache. In einem der Hotels, das sie und ihr Chef nun wirklich aus rein geschäftlichen Gründen aufsuchten, packte sie mit dem Hotelpapier ein kleines Päckchen, das nichts weiter als ein hauchzartes Nachthemd enthielt und die Mitteilung der Hoteldirektion, die

»gnädige Frau habe wohl leider bei ihrer Übernachtung am soundsovielten einen Teil ihrer Garderobe vergessen«. Das Ganze wurde an die Privatanschrift des Managers adressiert. Der große Mann hatte enorme Schwierigkeiten, zu Hause wieder auf Normalgröße zu kommen...

Anwendung
Der Trick mit den Dessous bietet natürlich ein Höchstmaß an Pikanterie. Es gibt allerdings auch andere Varianten. Ist bekannt, daß das Opfer an einem bestimmten Tag ohne seine Ehefrau im Hotel übernachtet, kann man z. B. die Ehe-

frau anrufen, vorgeben, man sei in der Rezeption eben dieses Hotels beschäftigt, und fragen, ob die gnädige Frau mit ihrem Gemahl denn nicht auch mit einem anderen Zimmer einverstanden wäre. Der erstaunten Nachfrage der überraschten Gattin antwortet man mit Unschuldsmiene: »Aber Ihr Mann und Sie waren doch für unsere ›Südsee-Rausch-Suite‹ gebucht…«

Schwierigkeiten

Die genaue Kenntnis der Termin- und Reiseplanung des Gegners ist nicht immer ohne Probleme zu erfahren. Da sich jedoch in diesem

Fall wohl meist Firmenangehörige dieses Tricks bedienen, muß eben auf das berühmte System zurückgegriffen werden, daß man der Sekretärin schmeicheln muß, wenn man dem Chef eins auswischen will…

Nachporto

Zutaten
Etwas Geld, eine Liste der Freunde und Bekannten bzw. Nachbarn des Gegners.

Vorgeschichte
Der Ursprung dieser Idee ist in dem idiotischen System der Deutschen Bundespost zu suchen, vom Empfänger eine Gebühr zu verlangen, wenn der Absender eines Briefes eine falsche oder im Wert nicht ausreichende Briefmarke verwendet hat.
Mit Hilfe der Bundespost ersann Guido H., ein reger, aufgeschlos-

sener Student der Betriebswirtschaft, den folgenden Trick.
Bei einem Professor, der Guido in einer Klausur eine nur mangelhafte Intelligenz bescheinigt hatte, gingen in den folgenden Wochen in unregelmäßigen Abständen Briefsendungen ein, die immer unzureichend frankiert waren. Da die Absender immer dem Professor bekannt waren, verweigerte er nie die Annahme, sondern zahlte stets mit stetig wachsendem Unmut das verlangte Nachporto. Den empört reagierenden Freunden und Bekannten, die behaupteten, nie einen Brief abgeschickt zu haben, kündigte der Akademiker die

Freundschaft. Er ist heute ein einsamer Mann.

Anwendung
Man beschafft sich eine Liste der Freunde, Bekannten, Kollegen des Gegners und gibt diese als Absender eines Briefes an, der nichts weiter enthält als einen ausgeschnittenen Zeitungsartikel – egal welcher –, auf dem man beliebig ein paar Zeilen unterstreicht. Zukleben, unzureichend frankieren – und die Rache nimmt ihren Lauf.

Schwierigkeiten
Das Unternehmen kostet etwas Geld und etwas Zeit, und leider ist

die Reaktion des Opfers in der Regel nicht direkt zu erleben. Erst wenn man erfährt, daß der Gegner wegen Magenbeschwerden in ärztlicher Behandlung ist, weiß man, daß man etwas bewirkt hat.

Präservativ

Zutaten
Ein Päckchen »Verhüterli« der billigsten Sorte.

Vorgeschichte
Es gibt kaum einen ekelhafteren Gegenstand als ein (scheinbar) gebrauchtes Präservativ außerhalb jener Etablissements, in denen es zum guten Ton gehört. Sein raffinierter Einsatz führt immer wieder zu Entsetzen und eignet sich deshalb besonders gut als Waffe in einem gestörten Chef-Angestellten-Verhältnis.
Der kaufmännische Angestellte

Hartmut E. wollte seinem Abteilungsleiter schon lange mal eins auswischen. Besonderer Anlaß? Gab es eigentlich nicht, eher bestand da eine Kette von Reibereien, die Hartmut E. auf seine Weise zu steigern gedachte. Er kam auf den Trick mit den Präservativen, zog sich ein Päckchen aus der nächsten Bahnhofstoilette und plazierte die »Ehehilfe« (wie Präservative so herrlich dümmlich in »Sex-Shops« genannt werden) an strategischen Punkten.

Anwendung

Präservative aus der Packung pulen und in die Länge ziehen. Pakkung wegwerfen. Die Gummidinger jetzt entweder gut sichtbar unter den Schreibtisch des Gegners werfen oder in seinem Handschuhfach verstecken (wo bei Pech der Feind, bei Glück seine Ehefrau sie findet).

Äußerst wirksam ist es, die Präservative bei Partys im Haus des Gegners zu verstreuen – etwa auf der Gästetoilette oder vor dem Büfett. Zögernd geben wir zu, einige der Dinger im Kinderzimmer hinterlegt zu haben, worauf – mitten in die Party hinein – die Sprößlinge des Gastgebers auftauchten, die Präservative aufgeblasen hatten und riefen: »Mami, Mami, wir haben lauter Luftballons gefunden.« Das peinliche Entsetzen, das sich daraufhin ausbreitete, hielt den ganzen Abend über an…

Schwierigkeiten
Ein Präservativ ist ein vordergründig männlicher Gegenstand. Diese Rache kann also kaum »weiblich« sein – zumal selbst die Erinnyen Damen gewesen sein dürften.

Radkappe

Zutaten
Ein großer Schraubenzieher, ein paar Schraubenmuttern oder Steine, ein Lappen für die Hände.

Anwendung
Nach dem Versauen des Benzintanks ist dies die zweitälteste Rache am Auto des Gegners und wird seit Jahrzehnten mit großem, wenn auch kurzlebigem Erfolg angewandt. Man nähere sich dem Auto des Gegners, wenn es irgendwo geparkt ist, unbemerkt und stemme eine (oder mehrere) Radkappen von den Felgen. Lege die

Muttern oder Steine hinein und drücke sie so wieder drauf, daß die Fremdkörper nun zwischen Radkappe und Felge liegen.
Fährt der Feind los, ergibt das einen höllischen Lärm, der um so gemeiner ist, als er sofort aufhört, wenn der Gegner anhält. Ohne fremde Hilfe wird er also kaum in der Lage sein, die Quelle dieses Spektakels zu orten.

Schwierigkeiten
Viele Autos besitzen heutzutage keine echten Radkappen mehr, sondern nur noch höchst dekorative Felgen. Da geht's dann natürlich nicht.

Rasen

Zutaten
Konzentrierter Katzen- (oder besser Kater-Urin), Essigsäure oder jede beliebige Art von Unkrautvernichtungsmitteln sowie der Rasen des Gegners.

Vorgeschichte
In Gegenden, in denen die Anschrift schon wieder Adresse heißt (meist mit dem Adjektiv »gute« oder »bessere« verbunden), ist der Garten mit das Aushängeschild der sozialen Disposition.
Undenkbar, daß der gepflegte englische Rasen, der nur zu Anlässen

wie etwa einer Cocktailparty für alle Anwohner und Passanten beobachtbar betreten wird, etwa nicht überall eine Schnittlänge von etwa einem Zentimeter zeigen könnte oder durch ein welkes Blatt verunziert sein dürfte. Auf keinen Fall! Und wehe dem Gärtner!

Anwendung
Wie bei vielen anderen Rachemethoden ist es auch hier notwendig, sich in das Territorium des Feindes einzuschleichen. Sei es als geladener Gast oder im Gewande eines unverdächtigen Domestiken. Je größer das Anwesen, je eitler der Gegner, desto leichter die Rache!

In einer Sprayflasche (ausgediente Flaschen von Spülmitteln eignen sich hervorragend – aber bitte keine normalen Flaschen verwenden!) wird entweder ein Konzentrat von Katzenurin oder eine starke Essigsäure – auch sehr hochprozentiger Alkohol wie Stroh-Rum kann verwendet werden – abgefüllt. Das Behältnis wird unbeobachtet auf das Territorium geschmuggelt, und dann zeigt der Rächer im geeigneten, unbeobachteten Moment, wie schön er schreiben kann. Jede Art von zotiger, öffentliches Ärgernis erregender Bemerkung ist gestattet. Dieses Wort oder gar diese Sentenz wird mit dem Konzentrat auf den Rasen geschrieben. Zunächst unsichtbar. Doch schon nach ein, zwei Tagen kann jeder Passant und Nachbar lesen: »Wenn Sie nicht wissen, wo ihre Tochter ist, dann kommen Sie doch einfach rein« oder »Frau xy (Name der Nachbarin), ich verzehre mich nach Ihnen, Ihre Titten sind so geil.« Auch einfache Schülersprüche wie »Wer dies liest, ist doof« verfehlen in dieser hehren Welt der Finanzgiganten ihre Wirkung nicht. Das Opfer wird nicht nur mit Nachbarn, sondern auch mit (rechtzeitig benachrichtigten) Lokalzeitungen seinen Strauß zu fechten haben.

Schwierigkeiten

Falls eine Einladung zur Party des Feindes nicht möglich ist oder eine ruhige Minute, um der Schreiblust zu frönen, sollte man sich etwa im dezenten Outfit eines städtischen Gartenbau-Angestellten die Besitzungen des Gegners unter dem Vorwand anschauen, irgendwelche Laub-, Nadel- oder Rasenschädlinge aufspüren zu müssen.

Schlüsselloch

Zutaten
Eine Tube Leim, ein Lappen zum Beseitigen der Spuren.

Vorgeschichte
Jedesmal, wenn der Verkäufer Reimund L. sich ein Mädel auf die Stube mitbrachte, lugte die neugierige Frau Nachbarin durch einen Türspalt. Dabei besaß Reimund L. durchaus eine eigene Wohnung und war volljährig. Aber die Frau Nachbarin, der zu wenig passierte in der Anonymität des Hochhauses im Westen Frankfurts, spionierte, tratschte anschließend,

und das störte den Verkäufer. Der Gedanke an Rache keimte. »Soll ich vielleicht einfach mal meinen Rock heben, wenn sie wieder guckt, und ihr den nackten Po zeigen?« fragte eines Tages das Mädel, das Reimund L. jetzt schon zum drittenmal mitnahm. Aber der Verkäufer winkte ab: »Nee, das erzählt die dem Hauswirt, und dann fliege ich vielleicht raus.«
Sein eigener Plan war viel einfacher und für den Feind erheblich kostspieliger.

Anwendung
Abpassen, bis der Gegner seine Wohnung verlassen hat. An seine

Tür schleichen und sein Schloß mit Leim, der auch bei Metall wirkt, verkleistern.
Eine Sache für den Schlosser. Und wahrscheinlich ist das Schloß für immer verloren, ein neues muß eingesetzt werden. Die gerechte Strafe fürs Spionieren, Kleister gegen Kneister.
»Na, Frau Nachbarin,« sagte der Verkäufer Reimund L., als die Dame beim nächsten Mal wieder durch den Türspalt lugte. »Immer schön die Tür auflassen – man weiß ja nie, ob nicht was mit dem Schloß passiert ist…«
Da knallte die Frau Nachbarin, die wohl verstanden hatte, die Tür hin-

ter sich zu und spionierte nie mehr wieder.

Schwierigkeiten

Diese Rache ist nur bei Sicherheitsschlössern anwendbar.

Tanken

Zutaten.
Leere Konservenbüchse mit geeignetem Durchmesser, Büchsenöffner und Metallfeile.

Vorgeschichte
Nachdem der Versicherungsvertreter Hubert A. lange darüber nachgedacht hatte, wie er sich an seiner Ex-Frau für die finanziellen Forderungen bei der gerade vollzogenen Scheidung rächen könnte, kam er auf einen simplen Trick. Sozusagen als Ouvertüre vor den folgenden Akten eines schlimmeren Dramas. Und seine Methode

hatte Hintersinn: Das Opfer dieser Rache steht momentan in aller Öffentlichkeit als kompletter Idiot da und genau davon träumte Hubert A., wenn er an seine Frau dachte.

Anwendung

Hubert A. näherte sich dem vor seinem ehemaligen Haus geparkten Wagen seiner Ex-Frau, schraubte den Tankdeckel ab und vermaß den Durchmesser des Stutzens mit einem Zollstock. Dann stieg er in seine vorsorglich angelegte Konservensammlung (ein Hobby, das ihm als Neujunggeselle besonders leicht fiel) und suchte sich eine Büchse mit dem

passenden Durchmesser. Achtung: eher eine Spur größer als kleiner wählen!
An dieser Dose schnitt der Versicherungsvertreter jetzt fein säuberlich den bereits halb herausgerissenen Deckel aus und schliff die Innenkante so glatt, daß man nicht mehr sehen konnte, ob jemals ein Deckel darauf gewesen war.
Diese Dose steckte Hubert A. so geschickt in den Tankstutzen des Wagens seiner Frau, daß dieser nichts auffiel, als sie das nächste Mal zum Tanken fuhr und vollkommen überrascht wurde von dem aus ihrem Tank herausschießenden Benzin…

Schwierigkeiten
1. muß das mißbrauchte Auto einen Tankstutzen haben, der sich nicht verschließen läßt oder unverschlossen ist. 2. Verlangt es einiges mechanisches Geschick, die Dose derart in den Stutzen zu schieben, daß man sie beim Öffnen des Dekkels nicht sieht – sie muß also mindestens 20 Zentimeter tief drinstecken. 3. Erscheint es am Anfang unmöglich, eine passende Dose zu finden. Merke: Zollstock zum Einkaufen mitnehmen und Büchsen vermessen!

Toiletten

Zutaten

Ein Schwamm, starker Tapetenkleister, Zellophanpapier.

Vorgeschichte

Innerhalb eines Gebäudes gibt es eine Menge kritischer, allergischer oder anfälliger Punkte. Strategische Punkte für eine Rache. Als Fachmann für Dreckarbeiten hat der Gebäudereiniger Rüdiger O. im Rahmen seiner Tätigkeit genügend Zeit, durch Studien vor Ort derartige neuralgische Punkte zu entdecken.

Wir danken ihm ausdrücklich auf

diesem Wege für eine Vielzahl nützlicher Tips!

Der von ihm vorgeschlagene Trick eignet sich sowohl für den privaten Racheakt gegen einen Feind, in dessen Haus man eingeladen ist, wie aber auch für öffentliche Gebäude, in denen Behörden hausen (hier sollte entsprechend mehr Material verwendet werden!), oder für Lokale, in denen man schlecht bedient wurde. Selbst in Mietshäusern, die von berüchtigten Miethaien bewirtschaftet werden, kann dieser Trick Verwendung finden.

Anwendung

Der Trick mit dem Zellophanpapier und der Toilette sei denen verraten, die einen besonderen Grund haben, sich an Frauen zu rächen. Er hat den Nachteil, immer nur einmal anwendbar zu sein und leider ein beliebiges Opfer zu treffen. Er sei der Vollständigkeit halber jedoch auch hier erwähnt: Man verschafft sich Zutritt zu einer Damentoilette und spannt sehr vorsichtig Zellophanpapier über die Porzellanschüssel, ohne Falten zu erzeugen. Dann schließt man Brille und Deckel über der Falle und hofft auf ein Opfer, das es sehr eilig hat. Das Ergebnis ist stürmisch…

Zielgerichtet ist dagegen der Trick von Rüdiger O. zu verwenden. Hierzu wird ein runder Schwamm (im trockenen Zustand etwa handballgroß) einige Zeit in einem starken Tapetenkleister eingeweicht. Ist der Schwamm vollgesogen, wird er im Kleister mit Fäden so klein wie möglich zusammengebunden, bis er maximal Tennisballgröße hat. Nach einem weiteren Tag im Kleisterbad wird der Ball zum Trocknen an einen warmen Platz gelegt. Ist er gut durchgetrocknet, werden die beengenden Bänder entfernt und das Instrument der Rache ist präpariert. Dieser Ball wird nun bei pas-

sender Gelegenheit in das Zielklo eingegeben und weggespült. Die Folgen sind atemberaubend und kostspielig.

Schwierigkeiten

Probleme bereitet es immer wieder nach Aussage des Gebäudereinigers Rüdiger O., den richtigen Trockenheitsgrad der Kleisterschwämme zu erreichen. Sind sie zu trocken, dauert es zu lange, bis sie ihre üble Wirkung entfalten. Zu naß allerdings tendieren die Rache-Schwämme dazu, sich nicht in die Spülung einzufügen. Ein wenig Fingerspitzengefühl gehört nun mal zu jeder Rache dazu.

Umbuchen

Zutaten
Ein Telefon, die Nummer der Lufthansa.

Vorgeschichte
Konkurrenz belebt das Geschäft? So ein Unsinn! Je weniger die Konkurrenz zu Potte kommt, desto dicker ist man selbst im Geschäft.
Besonders wenn die Konkurrenz fliegt, kann man ihr einige nette Knüppel zwischen die Beine werfen. Und besonders wirksam, wenn sie Maschinen benützt, die normalerweise immer ausgebucht

sind: zum Beispiel am Montagmorgen um 8.35 Uhr von München nach Hamburg oder am Freitagabend von Frankfurt nach München um 18.40 Uhr.
Der Trick stammt von Manager Eckart von M., der damit seinem Konkurrenten Frank E. erhebliche Schwierigkeiten bereitet(e).

Anwendung
Man ruft die Buchungsstelle der Lufthansa an und cancelled den Flug des Konkurrenten ersatzlos. Kommt er dann zur Maschine und will einsteigen, hilft ihm nicht mal ein o.k. im Ticket – sein Platz ist besetzt, er muß die nächste Ma-

schine nehmen, seine Verabredung verschieben und kommt, im Falle München/Hamburg, erst mit mindestens zwei Stunden Verspätung am Zielort an.

Schwierigkeiten

Man muß wissen, wann der Konkurrent fliegt. Das ist das A und O dieser Rache und mit einem kleinen Trick zu bewerkstelligen: Sie rufen als Ihr Konkurrent bei der Lufthansa an, tun so, als habe Ihre Sekretärin Ihren Flug gebucht und Sie wüßten nicht, wann Sie sich einzufinden haben. Man wird Ihnen dann »Ihre« Flugzeit nennen. Noch perfider ist es anzurufen, pro forma (und wegen der größeren Glaubwürdigkeit) einen ganz anderen Flug zu buchen – auf den Namen Ihres Konkurrenten – und den alten Flug streichen zu lassen. Die Bucher werden nach der Privat- oder Gaschäftsnummer fragen. Zögern Sie nicht – nennen Sie frech die des Konkurrenten. Denn das ändert nichts am Erfolg Ihrer Rache.

Videorecorder

Zutaten

Einige Scheiben Schnittkäse, der Videorecorder Ihres Gegners.

Vorgeschichte

Der moderne Haushalt wird entscheidend geprägt von einer Ansammlung hochsensibler, teurer und luxuriöser elektronischer Geräte. Neben der superteuren HiFi-Stereo-Anlage mit Compact-disc und Digitalabnahme gehört selbstverständlich auch ein entsprechend aufwendiges Videogerät in den Haushalt des arrivierten Zeitgenossen. Genau hier – am Knackpunkt seiner dusseligen Eitelkeit– ist unser Gegner wieder einmal schwer verwundbar. Seine Achillesferse heißt in diesem Fall: Videorecorder.

Als Günther G., ein erfolgreicher Journalist, der trotz einer anerkennenswerten Karriere nie sein urtümliches Selbst verleugnete, uns diese kleine Köstlichkeit der Rache anvertraute, flossen nicht nur Lachtränen, sondern auch jede Menge Ouzo in Strömen, hatte der Gute doch einen der angesehensten bundesdeutschen Kultur-Ober-Journalisten um einen erfolgreichen Video-Vortrag gebracht und denselben zum ewigen

Gespött seiner hochverehrten Fachkollegen werden lassen. Ein Video-Abend mit Haut-gout gewissermaßen…

Anwendung
Der Trick ist so einfach wie genial. In das Videogerät des Opfers werden statt einer Kassette eine oder mehrere Scheiben Scheibletten-Käse eingegeben. Danach bitte den Eingabekasten wieder schließen und pfeifend oder interessiert lächelnd weiter am langweiligen Palaver über Achternbusch oder Vordembusch oder was sonst noch im Busch ist teilnehmen.
Entweder erlebt der Hausherr

noch am gleichen Abend ein gesellschaftliches Desaster, wenn er großspurig einen eigens für ihn gedrehten Video-Film von der letzten Biennale ankündigt, aber nach kurzem Flimmern nichts weiter kommt, als ein penetranter Käsegeruch. Oder der Idiot erlebt das Ganze allein zu Hause und haut dann vor Wut vielleicht sogar den ganzen teuren Kasten zusammen. Wutanfall hier – Vergnügen da: Rache, was willst du mehr!

Schwierigkeiten

Da Technik-Freaks ihre Stereo- und Video- und was nicht sonst noch für Recorder für sakrale Ge-

genstände halten, ist ein Frevel an diesen Heiligtümern technikgläubiger Menschen zugegebenermaßen nicht einfach – aber zu bewerkstelligen. Zur Not muß für eine Party im Hause des Feindes eine Kapelle vor die Tür beordert werden, oder ein paar Punker werden entsprechend eingeladen. Jedenfalls muß die Aufmerksamkeit von Gästen und Gastgeber(n) für einige Zeit abgelenkt werden, um in Ruhe den Käse in den Videorecorder einzuführen. Dann kann den Dingen ihr freier Lauf gelassen werden.

*»Tu was du willst, Liebling,
aber sei leise!«*

Weckdienst

Zutaten
Ein Telefon, ein Telefon beim Gegner, die Nummer des örtlichen Weckdienstes.

Vorgeschichte
Der Pianist Gotthold B., dem wir bezeichnenderweise eine Menge Tricks verdanken, mit denen man sich an unliebsam gewordenen Partygästen rächen kann, hat uns auch diesen kleinen Trick verraten, den man getrost zu den Klassikern zählen kann, der aber wegen seiner Wirksamkeit nie unterschätzt werden darf. Man

stelle sich bitte nur vor, wie man sich fühlt, wenn gegen vier oder fünf Uhr früh endlich der letzte Gast die Party verlassen hat, Hausherr und bessere Hälfte sich der herumliegenden Flaschen, Kippen und Essensreste erbarmt und das Chaos wenigstens bis zu einem erträglichen Maß reduziert haben, die allernotwendigsten Reinigungsmaßnahmen ergriffen worden sind und man nun endlich nach stundenlanger gesellschaftlicher Arbeit in die wohlverdienten Kissen sinkt, um entweder in trauter Zweisamkeit wahre Nähe zu praktizieren oder sich einfach erschöpft in Morpheus' Armen zu wiegen. Die brennenden Augen sind gerade geschlossen, die Nerven geben Ruhe, der erste tiefe Schlummer stellt sich ein – da schrillt das Telefon: »Hier ist der Weckdienst. Es ist 5 Uhr 25. Sie wollten geweckt werden.«

Anwendung

Man bestelle per Telefon auf der Telefonnummer des Gegners den Weckdienst zu einer unmöglichen Zeit.

Das Ganze läßt sich auch noch steigern, indem man den Weckdienst bittet, in regelmäßigen Abständen anzurufen, weil man so schwer aufstehen könne…

Schwierigkeiten
Leider ist auch hier das Opfer nicht in Sicht- und Hörweite, wenn es die Rache trifft. Aber die Fantasie wird dem erfindungsreichen Rächer bestimmt genügen…

Zwiebeln

Zutaten

Ein paar frische Zwiebeln, möglichst geschält. Blumentöpfe in der Nähe der Heizung.

Vorgeschichte

Wie schon gesagt: Einen Sabotageakt im Haus des Feindes zu begehen, gehört zu den besonderen Delikatessen einer Rache. Das dachte sich auch Joseph C., ein Textdichter, der von einem Sänger mit Untreue belohnt worden war: Der hatte einfach die Worte seines Lieferanten abgekupfert, einen Hit gelandet und dem Dichter nichts

gezahlt. Was Joseph C. mächtig wurmte, aber er durfte sich den Ärger nicht anmerken lassen, um vielleicht beim nächsten Hit dabeizusein.
So verkehrte der Textdichter weiterhin als gern gesehener Gast im Hause des Sängers. Was ihm die Rache mit den frischen Zwiebeln erheblich erleichterte.

Anwendung
Die geschälten Zwiebeln (sie können allerdings auch ungeschält sein, dann dauert es nur länger, bis die Rache sich auswirkt) in einem unbeobachteten Moment in Blumentöpfe stecken. Diese sollten

möglichst in der Nähe eines Heizkörpers stehen, also zum Beispiel über der Zentralheizung auf der Blumenbank am Wohnzimmerfenster.
Gut eingraben, unschuldig tun und Haus pfeifend verlassen. Nach einiger Zeit entwickelt sich ein so mörderischer Gestank aus den verfaulenden Zwiebeln, daß der Aufenthalt im Wohnzimmer zur Qual wird. Und: die Quelle des Gestanks ist nur sehr schwer auszumachen, nur durch Zufall stößt das Opfer auf die Blumentöpfe.

Schwierigkeiten
Die Töpfe dürfen nicht voller Erde

sein, sondern müssen Platz haben für die Zwiebeln. Bloß keine Spuren hinterlassen, wie etwa lose Erde oder verschobene Töpfe.

Heinz Langer